JN409188

야생화 연서

국립중앙도서관 출판시도서목록(CIP)

야생화 연서 : 김길중 시집 / 지은이: 김길중. -- 대전 :
오늘의문학사, 2016
p. ; cm. -- (오늘의문학시인선 ; 366)

ISBN 978-89-5669-738-3 03810 : ₩8000

한국 현대시[韓國 現代詩]

811.7-KDC6
895.715-DDC23 CIP2016002369

오늘의문학시인선 366

야생화 연서

김길중 시집

오늘의문학사

■ 시인의 말

글은 마음의 거울이다. 글 속에는 나의 진솔한 마음이 담겨 있기 때문이다.

펜을 잡고 글을 쓰는 동안은 마음이 평안해져서 나를 찾아 생각하고 혼의 불꽃을 태워 멋들어진 건물을 세우려 노력한다. 작은 건물이든 큰 건물이든 한 건물을 완성했을 때의 기쁨은 동양란의 향기처럼 가슴을 적신다.

또한 나를 발전시키기 위해 책을 가까이 두고 읽는다. 책 속에 들어가면 더 넓은 세계 지혜롭게 경험하는 흥미로운 보물들이 많이 있기 때문이다. 그래서 오늘도 나는 책을 읽고 또 글을 쓰는 것을 가장 큰 행복으로 삼는다.

좋은 인연으로 만난 분들에게 고마운 인사를 드리며, 부족한 시집을 발간한다.

2016년 정월에 저자 김 길중

|| || || || || **차례** ||

1부 나는 물이고 싶다

‖ ‖ ‖ ‖ ‖ 차례 ‖

2부 노을이 고운 뜻은

3부 못다 핀 꽃 하나

4부 코리아 신드롬 바람

1

나는 물이고 싶다

마음을 다스리는 글 1

— 풀잎의 노래

참으로 의미있는 삶은 열심히 일하며
땀 흘릴 때 꽃이 핍니다
최선을 다한 삶은 꽃처럼 아름답기 때문입니다
때로는 흔들리며 시려오는 가슴을
눈물로 추스르기도 하지만
환하게 웃으며 달려오는 사람
꼭 잡아주는 따뜻한 손
이심전심 전해오는 심장의 고동소리

그대가 있는 한
더 땀 흘려 일하고
더 부지런히 정을 나눠주며
더 열심히 낮은 자세로
동해에 떠오르는 태양 벗삼아

풀처럼 초록의 마음으로
비 오면 비 맞으며 바람 불면 다시 일어나서
착한 내 이웃과 더불어
더 많은 땀을 흘릴 것을 다짐합니다

마음을 다스리는 글 2

— 솔향의 기도

비우게 하소서
푸른 하늘 닮아
비우는 생활이 몸에 배게 하소서

유혹의 향연과
부귀영화와 권세
눈에서 멀어지게 하소서

비움으로 얻는 충만이
가장 큰 행복임을
잊지 않게 하소서

변함없이 이 세상
고운 향기로 물들이게 하시고
항상 달콤한 편안함에
빠지지 않도록 하소서

혹독한 바람에 나를 단련시켜
나부끼는 희망의 깃발로

아름다운 세상 창조하는

내 작은 소망 꼭 이루게 하소서

마음을 다스리는 글 3

— 내 가슴에 피는 꽃

내가 가장 보람되게 아끼는 꿈, 그 꿈이 있어 오늘도 난 행복하게 웃으며 내 길을 간다.

가다가 때로는 넘어져서 생채기가 날 때도 있지만

꿈 넘어 꿈이 있어 툭툭 털며 일어서서 못다 피운 꽃 한송이 곱게 피우기 위해 물도 주고 거름도 주고 잡초도 솎아 내면서 성심을 다해 가꾼다.

언젠가 피어날 꽃

가슴에 잔잔히 희망 주고 기쁨 주며 정신의 희열을 만끽하게 하고 지혜의 샘물 솟게 하는 꽃

그 꽃 한 송이 피우려는 내 꿈

진주가 진주조개의 몸 안에서 수많은 고통을 겪고 나서야 은빛 진주가 탄생하듯이

얼마나 많은 아픔 뒤에야 내 아름다운 꽃 한 송이 피우려나?

그래도 꽃을 가꾸는 마음은 꿈이 있어 행복하다.

별들이 우주를 지키며
고운 꿈 다독이는 속삭임
작은 새싹들이 곱게 자라나
아름다운 꽃 연출하는 환희

이 생명 다하여
그대 좋아할 꽃씨 뿌리고 가꿔
그대 창가에 깃드는 햇살로
호수에 은은히 비치는 풍경처럼
해돋이의 찬연한 빛처럼

가슴 벅찬 감격
미래의 설레는 꿈

새로운 시어 찾아서
나의 길 가리
그 길이 외롭고 쓸쓸한 아픔이라도
운명의 길이라 여기며

사람이 그립다

사람 속에서 사람이 그립다

돈 많은 부자
얼굴 잘생긴 미인
공부 많이 한 박사
많고 많은데

따뜻한 정 눈으로 퍼주며
흉금을 터놓고 꿈 엮을
사람 없으니
사람 속에서 사람이 그립다

출퇴근 시간 사람의 물결처럼
저 잘났다 뽐내는 사람
많고 많은데

마음에 등불 밝히는 사람
가난한 마음 살찌우는
사람 없으니
사람 속에서 사람이 그립다.

그 사람이 그립다

가뭄에 단비 내리듯이
긴 장마에 해 솟듯이
세상을 환하게 하는 사람

언제나 웃을 수 있도록
꿈과 희망 주고

겸손이
사회를 밝게 하는 주춧돌임을 알고
함께 가자고 손 내밀어
사랑의 종소리 울리는 사람

어둠을 밝히는 빛
아무도 모르게 봉사하고
훈훈한 가슴으로 다리 놓아
살맛나는 세상 수놓는 사람

그 사람이 그립다

노을

눈을 뜨면 그대 얼굴
눈을 감아도 그대 얼굴

하루 시작도
하루 마침도

붉게 타는 가슴
그대 향한 그리움

온 정성 다해
세상에서 하나뿐인
가장 아름다운 꽃다발을
바칩니다

내 사랑
타는 심장을 드립니다

단풍의 고백

순수한 사랑 앞에
내 마음을 빼앗겼습니다

언제부턴가 난 붙박이로
그대만을 생각하며 마음을 달구고 있습니다
이 밤 잠 못 이루고
별을 헤며 홀로 세움은
그대와의 사랑이 별처럼 반짝이기 때문입니다

그대를 위해서라면
이 생명 다하여 곱게 몸 단장하고
그대 곁으로 달려가렵니다

발달하는 세상이 속절없이 변한다 하여도
달이 뜨고 지고 세월이 흐른다 하여도
그대 그림자로 그대 위해 살고픈 맘
영원히 변치 않을 겁니다

순수한 사랑
그대에게 모두 드립니다.

꽃 마음 별 마음

나를 찾아 나선 길에
꽃에게 물었습니다
어떻게 하면 곱게 살 수 있나요?

꽃은 그저 웃으며
가슴에 작은 꽃씨 하나 정성껏 가꾸면
아름다운 꽃이 핀다
말합니다

나를 찾아 나선 길에
별에게 물었습니다
어떻게 하면 빛나는 삶 살 수 있나요?

별은 그저 웃으며
다 내려놓고 비우면
바른 것이 보이고 별처럼 빛이 난다
말합니다

꽃을 보는 동안은 꽃 마음이 생기고
별을 보는 동안은 별 마음이 반짝이니

꽃처럼 별처럼
꽃 마음 별 마음으로 살렵니다.

사랑탑

그대 눈 속에 나 있고
내 눈 속에 그대 있어

우리는 말을 하지 않아도
서로 같이 할 것을 아는
바늘과 실 사이

부는 바람에는 손잡고
소중한 꿈 달성을 위해
밀어주고 끌어주는

어둘수록 더욱 빛나는
폭풍 속에서도 흔들리지 않는
사랑탑

삶의 이정표가 되어주는
사랑탑

연분

그대 눈빛 사랑 싹틔우고
온 세상 사랑꽃 활짝 피우니

넓은 천지에 하나
원앙 연분 내 사랑

밤하늘에 찬바람 불어와도
내 사랑 더욱 빛나고

돌고 도는 세상 인심 사나워도
내 사랑 반짝반짝

아플 때 느껴지는 행복의 따뜻함
저 세상까지 함께 할 내 사랑

야생화 연서

별빛에 아름다운 사랑 새겨
스치는 바람에도
행여 그대인가 귀 기울이며
기다림의 세월을 남몰래 보냈습니다

아침이면 이슬방울에 어린
그대 고운 얼굴 그리며
작은 꽃 한 송이 피웠습니다

가슴에 키워 온
연모하는 일념으로
피눈물보다
진한 고독을 삼키며
행복의 만남을 위해 참고 살았습니다

아! 찬바람 불면
내 꿈도 낙엽되어 가고 말아
생명처럼 아끼는 사랑
그리움이 자란 순수의 향기
모두 그대에게 드립니다

그대 향한 불타는 마음
은빛 노을에 전합니다.

겨울비

그리움에 덧칠한 세월
아픔의 눈물
하염없이 흘러
앞을 가립니다

채워도 채워지지 않는 빈 가슴
온 세상이
어딜 가나 어딜 보나 그대 뿐

차가운 겨울인데도
그리움 쌓이고 쌓여
눈물 되어 달려갑니다

순수의 그리움
별빛같은 사랑
빗줄기 타고
그대에게 전해지길 빕니다.

별장

진달래 꽃 피면
노랑나비 훨훨
따뜻한 햇볕 잔디밭에서
바람 따라 숨바꼭질
멀리서 노 저어 오는
조각구름

하늘 향해 두 팔 벌리면
꽃 맘 비행기 타고 난다

두 눈 감으면
예가 천국
별천지에 꿈을 담고
신선되어 살다가

하늘이 부르면
"별천지에 이사 왔노라"
나 웃으며 말하리

이별 여행

덕수궁과 경복궁을 손잡고 거닐어 봐도
남산 케이블카를 타 봐도
발에 밟히는 사연들
아름다운 추억으로 최후를 장식하고
웃으며 손을 흔들어 주자던 기대치는
얼음장처럼 차가와
시베리아의 찬바람만 콧등을 때린다
아니야 아니야 이건 아니야
고개를 옆으로 저어 보지만
물 흐르듯이 가슴을 적시는 그대의 목소리
아침 태양처럼 떠오르는 그대의 앳된 얼굴
맛있는 음식을 떠 주던 살가운 손길
내 눈 속엔 그대뿐인데
그대는 더 넓은 세상으로 떠난다고 한다
꿈을 심어주던 그대의 기도와
봉사로 불사르던 희생정신
열아홉 순정 담은 청순한 정
영원히 사랑의 별 되어
내 가슴에 반짝이는데
그대는 멀리 손 흔들며 떠나고 있다

솔향 연가

흔들리지 않게 하소서
오직 그대 향한 일념으로
세상에서 하나뿐인 향 만들어
평화를 지키게 하소서

부디 푸르른 세상
그대의 눈빛에 담아
슬픔이 없는 나라에서
서로 손 잡고 살게 하소서

밤이면 별들과 속삭이고
낮에는 새소리 바람소리
변치 않는 솔 향으로
사랑 노래 부르게 하소서

세상이 바쁘게 변한다 하여도
세상을 지켜가는 푸른 빛
가슴에 피는 희망
영원히 빛나게 하소서

나는 물이고 싶다

먼 산행 길 목마를 때 먹는 물
그보다 맛좋을 순 없다

생명의 근원이면서
앞에 나서는 일 한 번 없이
하늘을 우러러 푸르기만 한
바다가 고향인 물

때론 갈증으로 목을 축이고
때론 손을 씻어 함부로 버려도
넓은 가슴으로 감싸주는 그대

살아 숨쉬는 동안
한시라도 없어서는 안 될
나는 그대에게 꼭 필요한
물이고 싶다

솔밭 동산

유년시절 그리워 찾아가면
향긋한 향기로 감싸안는
포근하고 아늑한 동산

고향의 소리
소꿉놀이 친구들 노랫소리
솔바람 타고 들려오는데

'칙칙폭폭 떠나간다 어서어서 올라타라
우리 동무 찹살동무 어서어서 올라타라'
기차놀이 하던 친구들
어느 하늘 밑에서 푸른 꿈을 꾸고 있나?

가슴에 묻어두고 지낸 솔밭의 추억
하늘이 푸른 날이면 잠에서 깨어나
고삐 풀린 망아지 들판을 달리듯이
추억의 들판을 달린다

❷

노을이 고운 뜻은

이팝나무

고개고개 배고픈 고개
이팝나무 쌀 꽃 피면
꼬로록 꼬로록
허기져서 부르는
'보리밥 줄게 쌀밥 다오'
노랫소리 꽃 속에서 들려온다

밥은 꽁당 보리밥
먹고 먹어도 배고픈 보리밥
조상 제사 날에나
먹어보는 흰 쌀밥

이팝나무 쌀 꽃 피면
허기져서 부르는
'보리밥 줄게 쌀밥 다오'
노랫소리 꽃 속에서 들려온다

백합

진정 오래도록 원하면 하늘도 감동하여
길이 열리는가요?

보세요
오늘 핀 꽃 속에서
그대 환하게 웃고 있네요
기쁨의 마음이 눈물 돼 흘러요

환한 별빛 받으며
날마다 빌고 비는 그리움
정성으로 가꿔온 내 모습
가슴 열어 그대에게 드려요

허지만 난 꿈을 먹고 사는
붙박이 작은 꽃

내 생명인 그대
내 몫까지 힘차게 사셔야 해요
날마다 웃으며 사세요
그대 웃음 속에 나 있으니까요

그대 행복을 무릎 꿇어 기도하는

백합

무궁화

살점을 도려내는 아픔
춥고 배 곯아
참기 힘들었던 나날들

꺾이지 않고 굽히지 않고
별빛 벗 삼아 무지개 꽃 피운
코리아의 혼불

방방곡곡
무궁 무궁 무궁화 피어나라
눈물 꽃 무궁화

우리의 무궁화
세계로 피어나라
아픔 딛고 웅장히 피어나라

솔향

모락모락 연기 솟듯이
솟는 그리움
꽃바람 타고 산 넘어 오면

푸른 옷 입고
살포시 미소 지며
초롱초롱 별빛 벗 삼아

그리워하는 마음 하나
실낱같은 연초록 손이
파랗게 파랗게 멍들도록
연정의 향 만들어

아침을 여는 새벽이슬로
몸단장하고
바람 소리에 행여 님인가
달려갑니다.

붉은 단풍

세월이 깊이만큼
애타는 그리움 전하고 싶습니다
빨갛게 타오르는 열정
그대 향한 내 마음
날이면 날마다 새싹 자라듯이
조금씩 자라더니
이젠 세상이 온통
그대 생각으로 꽉 차있습니다
누가 뭐라고 해도
세상이 열두 번 변한다 해도
별처럼 반짝이는 그리운 사연
활활 타오르기만 합니다
달빛 고운 아름다운 밤이면
연분홍 편지에 담아
그대 창가에 띄웁니다
그대와 함께라면 얼마나 행복할까요?
온 세상이 우리를 반기고 축복해주며
해도 달도 우릴 위해 찬란히 빛날겁니다
빨갛게 타는 가슴

하트 모양 그리며
불타는 마음 그대 곁으로 달려갑니다

홍학

서울대공원
덩실덩실 날갯짓하면
춤을 추는 홍학들

물결도 춤추고
나비도 덩달아 너울너울
작은 소망이 붉은 날갯짓에
무지개 꽃 피어 황홀경

천국의 낙원
오직 행복만이 춤 추고
기쁨의 천사 어울려
어깨춤을 덩실덩실
한 손 끝이 하늘을 탁 차고 올라
공중을 나는 무아의 기쁨

꿈이면 깨지 말고
생시면 영원하기를…

쇼는 끝났어도
내 가슴에 붉은 날개 무지개 율동은
길이길이 살아 춤을 춘다.

꿈이 피는 꿈동산

세상이 온통 꿈이 피는 꿈동산
형형색색 꿈들이 다투어 핀다

부자 되는 꿈
출세하는 꿈
스타 되는 꿈
예뻐지는 꿈
꿈, 꿈, 꿈

많고 많은 꿈들이
자기 꿈을 이루려고 시합을 한다

세상에서 가장 아름다운 꿈은
땀과 눈물로 정성껏 가꾼
소박한 꿈

하늘은 수많은 꿈 중에서
아름다운 꿈을 누가 꽃 피우나?
어떤 방법으로 꽃 피우나?
굽어보고 계시다

노을이 고운 뜻은

노을이 고운 것은
불타는 욕망을 고이 접어
고개 숙일 줄 알기 때문이다

열정을 꽃 피워 놓고
담긴 정 뒤로 하며
때를 알고 떠날 줄 앎은

순환의 법칙
눈물보다 아름다운
장엄함이다

"작은 빛으로 살아요"
은물결 파도에 깊은 사연 남겨 놓고
산 너머 떠나는 발길

노을처럼
곱게 살다 가라는
무언의 교훈이다

메아리

얼마나 사모했으면
가던 길 되 돌아옵니까?

울다가 지쳐 목이 쉰
그리다가 지쳐 가슴에 재가 된
불러보는 이름이여!

아름다운 그대 생각만 해도
설레는 맘 가눌 수 없어
떨림으로 그대 이름 불러봅니다

내 길 갈 수 있도록
내 손을 꼭 잡아 주세요

이 세상에서 가장 아름다운
청순한 설렘을
나의 전부를 드립니다

내 사랑 부디 받아주세요
아름다운 그대여!

영혼의 말

내 믿음이 흔들릴 때
내가 아주 작아 보일 때
내 영혼이 속삭이는 말을 듣는다

불에 태워도 죽지 않고
아픈 병마도 이겨내는
죽어서도 다시 사는 길

실패는 성공을 위한 연주곡이며
아픈 만큼 성숙해져서
행복의 문이 열릴테니
부디 웃으며 너의 길 가라

사랑의 불꽃을 태워
베푸는 삶
혼령의 말을 듣고 가라
뜨겁게 뜨겁게 너의 길을 가라.

꿈은 별이 되어

가슴을 환하게 빛내고
살맛나게 하는
보석보다 값진 꿈

험난한 세상
풍랑을 만나 휘청거릴 때도
꿈이 있어
정신을 가다듬고
소망의 길 간다

내 가슴에서 뜨고 지는
어두운 길
이정표가 되어 주는 꿈

수정처럼 고운 꿈
꿈은 별이 되어
포기하지 않으면 성공한다
힘내라고 반짝인다

여명 등산

길을 열어라
건강의 길
환한 인생 길

꺾이지 않고 시들지 않고
튼튼하게 성장하도록
길을 열어라
닿을 듯 닿을 듯
굽이굽이 열두 고개
땀 흘리며 넘는 길

불을 밝혀라
여명이 어둠을 쓸어내듯이
신념으로 어둠 쓸어내고
그리움이 쌓여 숲을 이뤄도

내 인생 환한 불
건강의 불
꺼지지 않는 불을 밝혀라

상록수의 기도

하루에도 열두 번씩
두 손 합장 기도하며
흔들리는 맘 잡아
산소 나라 꽃 피운다

별빛에 그리움 싣고
활활 불타는 밤이면
달콤한 유혹에 젖어
하늘을 나는 꿈도 꾸지만…

초록 파도치는 나라
행복한 세상
그대 눈 속에
희망 심고파
오직 그 뿐

은근과 끈기로
흔들림 없이
차근차근히

두 손 합장 기도하며
산소 나라 꽃 피운다.

눈꽃 사랑

가지마다 눈꽃으로 장식하고
그대 오길 기다립니다
누굴 위해 기다려 본 적 있나요?
긴 밤 하얗게 그대 기다리며
눈물을 흘리다 잠이 들었습니다

그대와 난 백설 위를 꽃마차 타고
환한 웃음으로 손 흔들며 달렸습니다
많은 사람들이 환영과 부러움으로
오래도록 눈길을 보냈습니다

꿈이 깨지 말기를 바라며
아름다운 광경을 오래도록
가슴에 새겼습니다

순수의 깨끗한 맘
긴 밤 지새운 눈물
눈꽃을 가지마다 장식하고
그대 오길 기다립니다
내 맘이 하얀 눈꽃으로 전달되길…

아카시아 꽃 잔치

아카시아 꽃 핀 날
꿀벌들이 잔치를 벌이고 있다
통일이 꽃 핀 날
삼천리에 잔치를…

우리들의 잔치
행복에 취해
꿀맛 같은 영혼으로
세상을 노래 부르는 그 날

한 번은 온다
너와 나 손잡고
굽이치는 세월 속
눈물로 꽃 피운 통일의 그날
크게 웃어 소리쳐 볼 날
칠천만이 바라는 그 날
한 번은 온다.
꼭 온다.

새 봄에는

파릇파릇 새싹이 세상을 수놓듯이
무럭무럭 희망이 웃음꽃 피고
나풀나풀 나비가 하늘을 날듯이
하늘하늘 행운이 훈풍에 날려 와
작은 일에서부터
땀 흘려 씨 뿌리는
보람찬 한 해가 되게 하소서
바라옵기는
태양이 환한 빛을 선물하듯이
사람마다 서로서로 존중하고
인정이 넘쳐흘러
모두가 행복을 누리는 가운데
문화와 예술을 사랑하는
선진문화가 꽃피는 코리아
그리하여
오래토록 머무르고 싶은 나라
찾아가고 싶은 나라
그런 나라 만드는데 일조하는
새 봄이 되게 하소서

출렁 다리

삶이 출렁인다
행복이 눈 앞에 아른아른
내 손에 꼭 쥐야 하는데
닿을 듯 닿을 듯
출렁출렁 흔들리는 세상

별빛에 꿈을 담고
무지개 희망의 꽃
내 손으로 활짝 피워야 하는데
피울 듯 피울 듯
출렁출렁 어지러운 세상

다리 저 건너 행복
아른아른 손짓하고
일념으로 불 밝힌 열정
잡힐 듯 잡힐 듯
출렁출렁 삶은 출렁다리

마음의 촛불을 켜라

촛불은 생각에 잠겨있어
어떻게 하면 환한 세상을 만들까?
그래서 아무도 모르게
눈물을 흘리며 울고 있는거야

세상이 어두울 때
길을 잃고 방황할 때
누가 인도하지?
자기를 태워 불 밝히는 삶

촛불은 알고 있어
흔들리지 않고 불을 밝혀야 함을
이 찰나가 지나면 소멸해야 함을
그래서 더 많은 눈물을 흘리며
불을 밝히고 있는거야

태우면 태울수록 더욱 더 빛나는 삶!
"마음에 촛불을 켜
이웃에게 빛을 주도록 하라"
천사의 음성이 하늘에서 들린다.

세월이 가는 길목에서

공산성 옛 성터에 묻어두고 온 청운의 꿈
말 달리듯이 앞만 보고 달려온 삶
말고삐 매어두고 해바라기처럼 그댈 바라봅니다
푸른 하늘에 새겨진 그대 얼굴
추억의 아름다운 사진들이 한 장 한 장 넘겨집니다
곰삭은 밀어들 해내고야 말겠다는 패기
나라를 위해 동냥이 되겠다는 무언의 약속

그러나 이상은 세상 모진 바람에 찢겨
갈 곳 잃은 가냘픈 사슴되어 방황할 때
그댈 만나 다시 용기와 희망을 얻었습니다
그댈 만난 것은 내 생애 가장 큰 행운입니다
그댈 만나 참 행복했습니다

스승 별

선생님의 큰 사랑
어두울수록 더욱 빛나는 별은
가는 길을 인도합니다
'큰 꿈을 갖고 나래를 활짝 펴라'
어찌 크고 선명한지
눈을 감아도
똑똑히 보입니다
바람 불고 앞이 캄캄해도
큰 꿈이 있어
열심히 땀 흘리며 살게 됩니다
꿈을 심어주신 선생님
푸른 창공을 마음껏 날기 위해
가슴에 열정을 불태우며 삽니다
가끔은 방황하여 헤매이다가도
선생님의 가르침은
바른 길 찾아가는
큰 별이십니다

❸

못다 핀 꽃 하나

하늘다리

강을 건너면 하늘 나라
하늘 나라 가는 다리
출렁~ 출렁~
흔들려서 매력있는 삶

하늘도 푸르고 강물도 푸르고
인생의 삶도 푸르러
은물결 일렁이듯
우리의 삶도 흔들리며 흘러간다

산 넘고 강 건너
잘 살아 보려는 의욕 때문에
앞서 가려는 욕심 때문에
때론 아우성치고
때론 웃으면서
삶도 출렁이며 하늘나라로 간다

에덴클럽

청운의 꿈
가슴에 새겨진 추억의 별

용솟음치던 끓는 피
웅비의 날갯짓
에덴클럽으로 뭉친 패기

높아라 웅비의 꿈
꽃향기 그윽한 봉황산 기슭에서
백제의 얼이 깃든 산성공원에서
황해로 흐르는 금강에서
정의의 세상을 만들자고
떨쳐 일어선 젊음의 열기

가슴에 살아 숨쉬는 청운의 꿈
에덴클럽이여
청운의 꿈으로 평생을 불 밝히며
별처럼 아름답게 빛나라

진정 몰랐습니다

힘이 산천을 주름잡을 땐
좋은 시절만 생각했지
낙엽되어 가는 줄은 진정 몰랐습니다

그대가 내 곁에 있을 땐
별빛 사랑에 흠뻑 빠져
눈물 흘리며 울 줄은 진정 몰랐습니다

내 꿈이 훨훨 불타오를 땐
앞만 보고 달리느라
내가 작고 약한 줄은 진정 몰랐습니다

청춘이 세상을 호령할 땐
넘치는 열정에 흠뻑 빠져
세월이 날 버릴 줄은 진정 몰랐습니다.

감사합니다

감사합니다 말하며 살래요

건강한 육체를 주심을
올바른 정신을 주심을

부귀영화는 흘러가는 구름이요
출세와 권세는 지나가는 바람인 것을

푸른 하늘 우러러 숨쉬며
아름다운 강산에서 꽃씨 뿌리고 가꿔
복된 한국 건설하는데 일조함을

한 겨레 한 민족 손잡고
가슴 벅찬 꿈 가꾸며 살아감을

감사합니다 말하며 살래요

삶의 향기

꿈길을 거닐 듯
동트기 전에 어둠을 걷어내며 동산에 오른다
나무들이 주는 신선한 공기
새 세상이 열리고 그 속을 내가 간다

발걸음마다 건강이 쌓이고
발걸음마다 즐거움이 노래한다
평상시보다 빠르게 걷기
반시간쯤 걸으면 땀방울이 송송
땀방울 속에 웃고 있는 행복한 얼굴

세상 많은 유혹에서 흔들림 없이
해냈구나
어둠을 걷어내며
심연 깊은 곳에서 들리는 소리
내 길을 잘 가고 있는거야
힘찬 발걸음으로
꿈길을 거닐 듯

세종 호수

이름을 세종이라 지어주심에 감사드립니다
균형발전이라는 큰 틀에서 제가 태어나게 해 주신
고마운 어른께도 머리 숙여 고마움을 표합니다
감사합니다 고맙습니다
살아가면서 잊지 않고 은혜에 보답하겠습니다
환하게 반짝이는 햇살
푸른 꿈 출렁이는 은물결
탁 트인 광활한 벌판
가슴 속 깊은 곳에서
한글을 창제하신 세종의 높은 뜻이 메아리쳐옵니다
'누구나 쉬이 배우고 익혀 자기의 뜻을 널리 펴고자 함이라'
대왕의 의지 세상에 널리 펴 나가겠습니다
북에서 남으로 흘러오는 구름과
남에서 불어오는 꽃바람이 향기롭게 만나는 계절
만물이 약동하는 봄입니다
우리들이 바라는 통일
한번은 용광로의 불이 되어 활활 타올라야 하지 않겠습니까?

여기 세종호수에서 새 희망 새 꿈
굽히지 않는 의지와 용기
세종의 얼로 뭉쳐서 통일의 길로 나갑시다
대한이여!

못다 핀 꿈 하나

눈을 감아도 떠오르는
아직도 못다 핀 꿈 하나
꿈에 구천을 헤맨다

세상에 꼭 필요한 사람
— 소금이 되고 빛이 되어
일 할 수 있는 의지
나라를 위해 나를 던져서
꽃을 피우도록 가르쳐야 한다 —
그런 제자를 길러야 하는데
더 가르쳐야 한다
올바르게 가르쳐야 한다
스스로 모범을 보이고 실천해야 한다

아직도 못다 한 사명감이 꿈이 되어
어두운 밤길 헤매다가
가시밭을 헤치고 산을 넘어
집을 찾아 헤맨다
구천에 맴도는 못다 핀 꿈 하나

그대와의 만남

내 생애 가장 큰 행복은 그대와의 만남이었습니다
세상이 환히 열리고 새들도 정답게 지저귀며
햇살도 우리의 만남을 축복하는 듯 더욱 환하게 비추고
시냇물도 좋아라 졸졸졸 노래하며 꽃들도 기뻐서 방긋방긋
온 세상이 우리를 축복해 주었습니다
어두운 장막을 걷어내고 찬란한 아침 해 솟듯이
지루한 겨울 추위에 떨던 시절이 지나고
봄 햇살에 온 세상이 희망의 빛으로 푸르게 물들 듯이
그대 따뜻한 눈빛과 다정한 속삭임 사랑의 숨결
내 가슴에 전해져 온전히 살맛나는 행복의 시작입니다
참 행복이 오래도록 내 가슴에 머물러 눈을 감는 그날까지
변함없기를 기도드립니다
그대 만나 행복합니다.

별 춤

기다려 온 그 날
지구 관광 버스 타고 별을 따기 위해

야호!
어깨가 들썩들썩
온 몸이 덩실덩실
두 팔에 날개 달고
두 발에 스프링 달아
훨훨 난다

리듬에 취해
손으로 스트레스 날리고
온 몸으로 한을 녹여
흔들흔들 흔들고
빙글빙글 돌리고
땀방울이 주룩주룩
상쾌함이 통 통 통

새가 기류를 타고 하늘을 날 듯이
훨훨 행복을 타고
지금은 별천지 여행 중이다

첫눈

세상을 변화시킬 만한
너와 나 변화시키고도 남을
희망 꽃
환하게 하늘 길 열어
가슴 설레게 하는 꽃

잠자는 자여! 일어나라
대한 건아여! 힘을 내라
두 팔 움켜쥐고 뛰어야 할 때가 왔다

세종대왕의 지혜가
광개토대왕의 개척정신이
기적을 위해
코리아의 횃불 드높이 들고
뛰라고 다시 뛰라고 외치고 있다

가슴 설레게 하는 꽃
하나로 뭉쳐 다시 뛰라고
희망 꽃이 내리고 있다

절름발 등산

고적한 등산로
절름절름 절름발

환한 건강 달라고
아픈 다리 질질 끌며
한쪽 팔까지 비틀린 채로
다시는 바람 맞지 않겠다며
앙다문 입술
눈에 불을 뿜으며
땀범벅이가 되어
절름절름 오르고 또 오른다

어둠을 걷어내고
아픈 흔적까지 불태우자
꺼진 불씨가 되살아나
밝은 해를 밀어 올린다
세상 빛이 환하게 모여
절름발을 비치자
바람이 하는 말
— 절름발 승리 —

고속도로

'쌩— 쌩…'
곧게 뻗은 넓은 도로가 좁다
빨리빨리
목적지에 닿기 위해 최고의 속력을 낸다
바람을 가르며 역경를 헤치며
언덕을 넘어 커브길을 돌아
저기 저 희망봉을 향하여
달리고 또 달린다
자동차를 가득 실은 화물 자동차도
수출품을 실은 컨테이너 박스차도
외국 관광객을 태운 고속버스도
멋쟁이 승용차도
앞만 보고 달리고 있다
대한의 국력이 원동력 되어
세계로 힘차게 뻗어 나가고 있다
달려라 달려 코리아여—
이젠 삼팔선을 넘고 북녘 땅을 녹이고
아니 만주벌판까지 태극기가 휘날리도록
달려라 달려

세계를 향해 달려라 달려
코리아 파이팅!

웃음 꽃방아

"하하하… 호호호… 허허허…"
하루종일 웃음 방아 잘도 찧는다
아따 딸년이 귤 한 박스 가져왔는디 혼자 묵을라카니
안 넘어 가는기라 나눠묵자코 가져왔지
강경댁 이쁜이 아줌마 환한 얼굴에 또 한바탕
웃음꽃이 방아를 찧는다

서로 배려하고 위해주는 넓은 마음들
밀물이 되어 출렁출렁 밀려온다
생일이라고 인절미, 호박떡, 절편, 흰떡 갖가지
떡 해오는 사람
어느 날은 칠순잔치…
어느 날은 팔순잔치…
이것 쪼끔만 잡서 보슈 김치전이 최고유
범초 댁 아줌마가 신랑 귀빠진 날이라고 차려온
안주에 막걸리 한 잔 걸치면 세상이 내 것
쿵더쿵~ 쿵더쿵~
복 짓는 웃음 꽃방아 소리
나비 되어 꽃향기 속으로 훨훨 날고 있다

꿀이 흐르는 땅

"야! 꽃"
아카시아 꽃
심호흡으로 마시는 향은
세상사 모두 잊고
작은 사심까지도
모두 정화하여
꿀 향 속에 내가 안긴다

향기의 바다는 나를 가두고
꿀이 흐르는 별천지에
윙~ 윙~ 꿀벌과 함께
이 꽃 저 꽃
꿀 따기에 시간 가는 줄 모른다

꿀이 흐르는 땅
행복의 잔치
모두모두 오세요
'얼씨구~ 절씨구~'
선녀가 꿀을 만들어 놓고
벌들과 함께 춤판을 벌이고 있다

국궁

이게 뭐야?
또 실패했잖아
맘 다잡아 활시위를 당기지만
픽—
엉뚱한 곳으로 날아간 화살
밀려오는 자책 실망…

이번에는 꼭 성공하고 말테야
허지만 또 실패
내 꿈 화살에 담아
내일을 향해 날리는
삶은 기다림의 시계추

최선을 다하면 꼭 이루겠지
오늘의 아픔을 교훈 삼아
내일은 이루겠지

드디어 "명중"
와— 성공이다

내 인생 웃음꽃 피는 날
그날을 위해 활시위를 힘껏 당긴다

독서

책을 읽을 때는
세상 걱정거리 인간관계의 고뇌
모두 내려 놓은 채
언어 속 여행을 떠난다
높고 넓고 푸른 세상은
끝이 보이질 않아
시원한 표현에는 감탄사를 보내며
절묘한 기술에는 웃다가 울다가
우주를 비행하는 상쾌함
아름다운 별들이 반짝반짝
난 왕자가 되어 공주와 숨바꼭질 놀이도 하고
시인이 되어 노래도 부르며
지식 세계를 마음껏 탐미한다
꿀맛보다 달콤한 여행
나의 삶을 살찌우는 정신세계의 양식
책 속 관광은 행복의 꽃이다

함박꽃 웃음

백발 어머니 즐거운 표정이면
그날은 왠지 일이 잘 풀린다

"어머니 이번 달은 얼마나 타셨어요?"
"노령연금 20만원 장수수당 5만원 25만원"

"야— 돈 많이 타셔서 좋으시겠어요?"
"응— 좋구 말구 매달 주는 걸"

"우리나라 살기 좋지요?"
"응— 나라님께 감사하며 잘해야 돼"

백발 92세 어머니 함박꽃 웃음 지으면
내 마음 구름 타고 하늘을 난다

정화수

가슴에 살아 숨쉬는 소리
어머니의 목소리

생명의 근원인 물
깨끗한 물 한 그릇 떠놓고
"비나이다 비나이다
천지신명께 비나이다
우리 가족 화목하게 해 주시고
일 할 수 있는 건강을 주시고
일 한 만큼의 복을 누리게 하소서"

장독대 앞에서 새벽마다 비는 소리
어머니의 하루를 여는 기도 소리
내가 바른 길 가게 하고 좋아하는 일 하며
글을 쓰게 해 준 뿌리
가슴 짠하게 울려오는 생명의 소리
길 잃고 방황할 때 등불 되고
무기력증에 빠졌을 때 용기를 주는
희망의 종소리
어머니의 기도소리

황혼의 꿈

꿈이여 다시 한 번
열정의 꽃으로 피어나라
그늘 속에서 맥없이 시들지 말고
어둠 속으로 숨지도 말고
생생하게 환한 웃음꽃으로 피어라

연륜이 쌓인 만큼
나라 발전과
사회에 봉사한 금자탑
찬란하게 빛나도록
다시 한 번 더
열정의 꽃으로 피어라

그럼 그렇고 말고
백발의 꽃이
참으로 아름다웠노라
말할 수 있도록
꿈이여 다시 한 번
열정의 꽃으로 피어라

아들을 보내며

하늘이 돌아 앉아 울었다
초목은 가슴을 치며 엉엉 울었다
아픔과 슬픔이 먹구름으로 밀려와
코끝이 찌르르 눈물샘이 핑그르르
눈물은 심장을 적시고 온 몸을 타고 내려와
빗물과 범벅이 되어 강 되어 흘렀다
"아들아…" 불러도 대답이 없구나
"아버지…" 환하게 웃으며 달려오는 아들아
돼지 보쌈을 좋아하던 아들아
암팡지게 먹던 그 모습 어딜 갔느냐?
애비를 두고 너만 간단 말이냐?
발 길이 떨어지더냐?
보낼 수 없는 너를 보내야 하기에
눈물이 앞을 가리누나
'나라 위해 바른 행정가가 되겠다며
머리띠 졸라매고 행시 준비에 몰두하던 아들아'
심장마비로 눈 감은 아들아
못다 한 꿈 하늘나라에서 꼭 이루길 빈다
나를 다 바쳐 사랑한 아들아

너를 보내도 가슴에 살아있는 아들아
부디 그곳에서 행복하여라

* 친구 외아들을 보내며

❹

코리아 신드롬 바람

희망의 천사

어떻게 이겨낸 세월의 파도인가?
얼마나 기다렸던 행복의 문인가?

작은 기쁨에도 감사하며
험한 난관에도 의연하게 웃을 수 있음은
태양이 온 누리에 햇살을 선사하듯
그대가 환하게 웃으며
어느 곳에 있던지
무엇을 하던지
기를 살려주고 용기를 불어넣기 때문

"힘을 내자"
세상이 제멋대로 어지럽게 돌아갈 때도
체면을 걸어 힘을 얻을 수 있음도
가슴에 사는 그대
빛을 주는 그대
날개 달고 날아오는 천사
활짝 웃는 그대
희망의 천사

코리아 신드롬 바람

비행기 타고 온 바람
배 타고 온 바람
입소문으로 부는 바람
마음에서 맘으로 부는 바람

저 빌딩 한국이 건설했다
저 고속도로 한국이
저 다리도 한국이
자동차 배 옷
텔레비전 핸드폰 냉장고 한국이 최고

분다 불어 한국 바람
남녀노소 대통령부터 노동자까지
가정에서 시장에서 학교에서
길거리에서 메콩강에서
분다 불어 한국 바람
불어라 이 세상 끝까지 하늘 끝까지

자유의 열쇠

내 마음 먹은대로 여는 열쇠가 있다면
제일 먼저 북한 주민에게 자유를 선물하고 싶다

새들도 자유로이 오가고
봄이면 희망의 꽃 바람이 살랑살랑 불어
남에서 북으로 꽃 소식을 전하는데
자유의 물결은 철조망에 걸려
아프다고 몸부림 치고 있다
높게 쳐진 철조망을 용광로에 녹여
자유의 열쇠로 바꿀 수는 없는가?

내 마음 먹은 대로 할 수 있는 열쇠가 있다면
북녘 땅에 자유의 꽃이 활짝 피게 하고 싶다
백의민족 꽃
무궁화 무궁화 우리나라 꽃
피었네 피었네 자유의 꽃
삼천리 강산에 우리나라 꽃
함께 노래 부르며 만세 소리 드높게
발이 부르트도록 내 국토를 마음껏 달려보고 싶다

세계를 지배하는 나라

한국 발전 모델을 닮아라
행복이 눈앞에 있다
우리도 할 수 있다
잘 살기 운동 횃불을 들어라
부강한 나라 만들어 보자
한국이 모델이다
우리들의 친구 한국을 닮아라

배를 타고 온 바람
비행기 타고 온 바람
전파를 타고 온 바람
입소문으로 부는 바람
한국 바람이 불고 있다
행복의 바람이 분다
일등국가 되는 길 근면 자조 협동
한국을 닮아라

이런 나라 되게 하소서

일곱 빛깔 무지개 꿈이
알알이 영글어
서로 존중하며 참으로 살맛나는
이런 나라 되게 하소서

가슴이 따뜻하여
이웃을 보듬어 사랑하고
내 몸처럼 아끼는 평화가 충만한
이런 나라 되게 하소서

사계절 아름다운 꽃이 피고
문화를 아끼고 존중하며
고유배달민족의 독자성이 피어나는
이런 나라 되게 하소서

누구나 한 번 와 보면 머무르고 싶고
다시 가 보고 싶은 살기 좋은 나라
희망의 나라 삼천리강산
이런 나라 되게 하소서

대한이 꽃으로 피었다

안면도 꽃 박람회
행복의 꽃이 피었다
오! 장한 모습
내 나라 내 민족
아름다운 꽃으로 피었다

이 세상에 둘도 없는
오직 하나뿐인
조상의 얼
혼불이 꽃으로 피었다

대한 건아여!
일어나라

숭례문이 꽃으로 피어
조상의 훌륭한 피가
우리 손으로
세계를 향해 아름다운 꽃 피우라고
대한이 꽃으로 피었다.

우리는 하나

총 칼 앞에 나라의 맥을 지켜 온 우리
잿더미 속에서 기적의 꽃 피운 우리

한이 맺혀 울지도 못하고
배가 고파 먹지도 못하고
조국의 번영을 갈망했던 우리

코리아의 찬란한 태극 마크가
세계 속에 휘날릴 때
심장의 붉은 피가 설레던 우리

우리는
같은 피를 나눠 가진 우리는
조국 발전을 위하여 두 주먹 쥐고
한 몸이 되어 건설한 일등 한국
우리는 하나

세상의 주인

세파에 흔들림 없이
눈물의 고개 넘어
아픔을 딛고 서서
꿈을 성취하는 사람

"자랑스러워요"
항상 웃으며 용기 북돋아
기를 살려주어
살맛나게 하는 사람

꽃보다 아름다운 마음으로
사랑의 다리 놓아
자기 자신을 불태워
세상을 발전시키는 사람

바로 그대가
세상의 주인

칭찬

"시인은 얼마나 좋으실까요?
자연을 보고 감명 받아
아름다움을 전달하니 얼마나 좋으세요?"
"시인이 부러워요"
기분 좋은 말
"오매, 기 살아"

그 분이 크게 보이고
세상을 움직이는
힘이 생긴다

나도 누구에겐가
그에게 어울리는 칭찬을 하여
용기를 불어넣고 싶다

의미 있는 칭찬을 하여
살맛나는 세상을 만들고 싶다

열정의 꽃

그대 아시나요? 열정의 꽃
그대 보셨나요? 열정의 꽃

가녀린 새싹이
초록나라 웅장하게 건설하듯이

열정의 꽃 아름다운 세상을 창조하고
열정의 꽃 지구를 바꿔놓고
열정의 꽃 하늘 향해 피어요

그대 잊지 마세요
세상을 지배하는 힘
열정의 꽃임을…

시험 시간

쉬운 일이 아니다
산다는 것은 시험의 연속
좋은 점수를 얻어 어깨를 쫙 펴고
사람답게 의젓하게 광 내며 살아야겠는데
문제가 잘 풀리질 않으니
가슴은 콩닥콩닥 뛰고 머리만 지끈지끈
작은 산을 넘었는가 했더니 첩첩산중이다
식은 땀이 흐른다
시험은 하늘에 별 따기
별을 따기는 고사하고
낙동강 오리알 신세 되어
눈물만 삼키는 꼴이 아닐까?
고생길에 접어드느냐?
탄탄대로 잘 나가는 직장인이 되느냐?
삶은 시험의 연속
문제는 잘 풀리지 않고
속절없이 가슴 타는 시간만 흐른다

당구

건강 운동
당— 당— 당연히 당구
취미활동
당— 당— 당연히 당구

건강한 몸
바른 길 가게 하는 길동무

큐대를 잡으면 혼연일체
오직 예술을 사랑하는 공
밀고 당기고
요리조리 재주 부리다
땀과 열정으로 피운 꽃 쓰리쿠션
오! 가슴 속 울려 퍼지는 환호성
세상사 쉽지 않듯 쿠션도 쉽지 않다

내 맘 안에 행복 있고
공 안에 길 있다
공도 지구도 해도 둥글 듯
둥글게 살아야 복이 굴러온다

흔들리는 등불

이렇게 하면 좋을까?
저렇게 하면 좋을까?
한 번 뿐인 삶
정답은 없고 천갈래 길만 있으니
흔들린다 흔들려

잘못 가면 천길 낭떠러지
꿀사탕처럼 달콤한 유혹
천사표 속 늑대
아이고 흔들린다 흔들려

진리는 불변이니
선을 택하고 악을 멀리하며
시인의 맘으로 살진데
어이할꼬 일은 잘 풀리지 않고
세월만 가니
나의 꿈 바람 앞에 등불

하늘이여!

하늘은 비울수록 푸르고
별은 빛나는 것을

먹고 또 먹고 홀로 잘 살려
배 두드리는 맹꽁이님

쌓고 또 쌓아 태산만한 재산
굴리고 사는 꽁생원님

권력 잡았다고 아무나 보고
짖고 다니는 사냥개님

하늘이여!
비움의 진리를 깨닫게 하소서
겸손이 가장 위대한 힘임을
비움으로 서로가 행복해짐을
하늘이여!
깨닫게 하소서

詩 말미에 얹는 단상 1

선진국 가는 길

나눔이 잘 이뤄지고 있는 나라.

행복의 햇볕이 골고루 누구에게나 공평하게 비치는 나라.

참으로 살기 좋은 나라.

머물고 싶고 가고 싶고, 거지가 없고,

남의 아픔을 내 아픔으로 보듬어 배려 할 줄 아는 가운데 문화와 예술을 사랑하는 차원 높은 삶을 추구하는 그런 나라.

오늘도 어김없이 대전역 앞에서는 정오가 되면 따끈따끈한 국밥을 불쌍한 사람들에게 나눠주는 고마운 봉사자들의 손길을 본다.

못 먹고 못 입어 행색이 남루한 세상에서 오갈데 없는 사람들.

그 가련한 사람들에게 따뜻한 밥을 퍼 주는 온정의 손길에서 한국의 밝은 미래를 예측해 본다.

불우이웃돕기 성금의 70 내지 80퍼센트는 평범한 시민이 내는 것이라니 참으로 신기한 일이 아닌가?

자기는 쪽방에 기거하면서 평생 동안 품 팔아 모으고, 식모살이 하여 모으고, 길거리 장사하여 안 먹고 안 입고 모은 수억의 돈을 모 대학 장학금으로 쾌척한 할머니의 장한 '나눔'에서 밝은 한국의 미래상을 엿볼 수 있어 마음이 넉넉하다.

대덕구노인복지관에서는 홀로 사는 노인들에게 방금 만든 점심을 배달해 주는 자원봉사자가 여러 명 있다. 날마다 정오가 가까워 오면 밥과 국 몇가지 반찬을 독거 노인들에게 배달해 주는 천사 같은 마음들….

묵묵히 사랑을 실천으로 옮기는 많은 사람들 그 손길이 모여 그 따뜻한 마음들이 모여 한국을 선진국으로 만드는 초석이 되지 않을까?

선진국 되는 길은 쉬운 길만 있으라는 법은 없을 것이다.

나도 작은 나눔이라도 실천에 옮기고자 대전평생학습관에서 실시하는 금빛봉사단에 가입하여 매주 8시간씩 독서지도를 7년째 실천하고 있다.

어린 꿈나무들에게 꿈을 심어주고 지식 세계를 넓혀주며 자기주도적 학습을 돕는 독서지도, 독서지도를 하는 날은 괜히 즐겁다.

어깨가 으쓱해진다.

이날 만큼은 가장 좋은 옷을 입고, 가장 밝은 얼굴로 어린이들의 독서를 지도한다.

남을 위하여 작은 일이라도 실천하는 것은 참으로 의미있는 일이다.

남을 위한다기 보다는 내 자신이 즐겁고 긍지를 갖게 되니 이 얼마나 보람있는 일인가?

참여 의식과 어린이들에게 꿈을 키워주고 있다는 자긍심이 나를 기쁘게 한다.

선진국으로 가는 길,

조금은 힘들지라도 대한국민들 모두 동참하여 머물고 싶고, 가고 싶고, 살기 좋은 대한민국 우리 손으로 꼭 이룩해 봅시다.

사랑 꽃

내 아내의 이름은 노춘란이다.

봄에 피는 꽃은 참으로 신기할 만큼 아름답다.

여러 가지 많고 많은 꽃 중에서 내가 가장 좋아하는 꽃은 두말 할 나위 없이 춘란이다.

사시장철 연한 듯 곧게 뻗어가는 푸른 잎새도 절개가 있어 매력적이지만 봄에 피어나는 꽃송이는 하늘을 향해 노랗게 얼굴을 내미는 모습과 꽃향이 얼마나 향기로운지 내 마음을 다 빼앗아간다.

우리 둘이 처음 만난 것도 꽃피는 봄.

첫 만남 때 노랑저고리에 분홍치마 입은 모습이 아리아리하게 곱기만 하고 살포시 미소 지을 때는 하늘에서 내려 온 선녀였다오.

양가의 허락을 받고 시작한 결혼생활은 그 꿀맛 같던 신혼생활이 못난 나의 "콜록 콜록" 결핵이라는 몹쓸 병마 앞에 눈물바다로 변하여 생이별을 하게 됐으니 그 당시의 아픔을 어떻게 다 필설로 표현하리오.

내가 살기 위하여 공주 결핵 요양소로 가 있을 때 일이오.

하얀 벽에 하얀 커튼에 하얀 침대 시트에 하얀 옷 입은 의사와 간호사, 난 하얀 벽에 갇혀서 무서운 결핵균과 싸워야만 했다오.

그때 당시는 결핵이 생명을 앗아가는 난치병이여서 기침을 하다 시름시름 각혈로 쓰러져 죽게 되면 고양이에게 그 피를 먹게 하고는 문상객도 없이 공동묘지에 묻어 버리는 것이 상례였던 때라오.

공주 결핵요양소에는 살아 보겠다고 전국에서 모여드는 결핵환자가 많았는데 내가 입원하고 며칠 안 되었을 때요 이름도 모르는 아가씨가 응급실에서 각혈로 너무 많이 피를 토하여 저승으로 떠나야 했다오.

"나도 저렇게 되면 어쩌나?"

그 아가씨의 검은 눈동자와 살고 싶어 몸부림치는 삶을 놓지 않으려는 애잔함이 며칠간 뇌리에 떠오르곤 했다오.

병원생활 8개월 간 나는 병원에서 햇볕 쏟아지는 광야를 내려다 보며 몇 번이고 다짐을 했다오.

"하늘이여 나에게 기회를 주소서.

춘란이와 사랑꽃 꼭 피우게 하소서."

날마다 기도하고 또 기도하고 아픔의 시간을 기도하며 다짐으로 이겨냈다오.

다행이 입원한 지 6개월이 지나자 결핵균이 우측 폐의 한 곳에 응집하게 되어 두 차례의 흉곽 압축 수술을 받게 되었으며 그 이후 상태가 양호해져서 집으로 퇴원하게 됐지요.

여보! 몇 번이고 말하지만 결핵균과 싸우고 결핵약을 복용하며 두 차례의 수술을 받느라 허수아비처럼 깡마른 체구에 움푹 패인 눈, "콜록 콜록" 기침을 하며 밤에 잘 때는 식은땀을 흘려 이불에 지도를 그리던 아주 못난 못난이를 버리지 않고 3년 간 극진히 간호해 준 큰 사랑 여보 참 고맙소.

당신 덕에 오늘의 내가 존재한다는 사실, 당신을 만난 것은 내 생에 가장 큰 행복이었소.

결혼 후 나의 부모와 우리부부 내 동생 4명, 모두 8식구의 대가족, 밥하고 빨래하고 설거지 하고 반찬 만들고 뒤치닥거리 다 하느라 고생고생 다할 때 당신 얼마나 어려웠는지.

"나 이대로 누워 눈뜨지 말고 영원히 잠들었으면 그게 더 나을 것 같애…."

기나 긴 겨울밤을 하얗게 세우며 눈물로 베갯잇을 적시던 당신 드디어 눈물로 보내던 암흑의 3년이 지나고 1968년 3월 1일, 충북 영동군 용화면 조동국민학교로 첫 발령을 받게 되었을 때,

"야호~ 눈물로 사랑꽃 피웠소."

우리 둘은 껴안고 덩실덩실 춤을 추었지요.

조동초등학교에 부임하던 첫해 우리 2세 첫 아들까지 얻었으니 세상을 다 얻은 기쁨이었다오.

하늘도 나를 위해 푸르고 새들도 나를 위해 즐겁게 노래부르고 꽃들도 우리의 행복을 축하해 주려 방긋방긋 웃고 있지요.

여보! 이 못난이 훌륭한 대한민국 교육공무원으로 교육발전에 이바지 한 공로로 대통령 표창까지 받게 해준 것에 대하여 두고두고 그 은혜, 갚아갈 것을 맹세하오.

여보 정말로 고맙소.

《김길중 3시집 해설》

시심에 담은 정서적 충격

— 김길중 시인의 3시집 작품세계

문학평론가 리 헌 석

(사) 문학사랑협의회 이사장

1.

교육자로 평생을 봉직한 김길중 시인은 1943년 충청남도 연기군에서 출생하고 성장한다. 시인의 고향 연기군은 현재 세종자치시로 변모하여 대한민국 행정수도로 기능하는 곳이지만, 그가 성장할 때에는 도농 복합 지역이어서 인근 공주시 소재 공주대학교 부속고등학교에 진학하여 졸업한다. 초등교육자로 진출하여 교사, 교감, 교장을 역임하며 38년간 봉직한 후 2006년에 정년퇴임한다.

퇴임을 앞둔 2003년에 『문학 21』 신인상을 수상하여 시인으로 등단한다. 문학창작에 대한 뜨거운 열정으로 많은 작품을 빚어 2006년에 『풀뿌리 사랑』 『거꾸로 가는 시계』 두 권의 시집을 동시에 발간하여 문단의 주목을 받는다. 침체된

지역 문단에 신선한 충격을 주었다는 평가를 받았다.

정년퇴임한 2006년부터 시인은 교단을 지킬 때처럼 성실한 자세로 사회봉사에 솔선한다. 지성을 갖춘 어르신들의 봉사단체 '금빛봉사단'에 참여한 후, 매주 2일씩 학교와 도서관을 찾아 10년이 넘도록 변함없는 봉사자세를 견지한다. 같은 시기에 대전 대덕노인복지관의 '교육형강사'로 참여하여 어린이집과 유치원을 찾아 구연동화 실연(實演)을 10여 년 지도한다. 자신의 재능을 사회에 환원하는 참 봉사의 본보기로 상찬(賞讚)받고 있다. 부창부수(夫唱婦隨)라 할까, 동반자 노춘란 여사 역시 노약자를 위한 '생활돌보미'로 10여 년간 아가페 사랑을 실천하고 있다.

지속적인 봉사를 하면서, 시인은 자신의 삶을 윤택하게 가꾸기 위한 일에도 열정을 보인다. 교육에 충실하기 위해 미루었던 '스포츠댄스' '사물놀이 장구' '포켓볼' 등을 배우고 익히면서 노년기를 보람 있게 지낸다. 시 창작을 병행하여 2016년에 세 번째 시집 『야생화 연서』를 발간한다.

별보다 아름다운 사랑을 그리며
스치는 바람에도
행여 그대인가
기다림의 뜨락을 가꿉니다.

아침이면 이슬방울에 어리는
그대 고운 얼굴처럼
작은 꽃 한 송이 피웁니다.

가슴에서 벙그는 연모(戀慕),
그 일념(一念)으로
눈물보다 진한 고독을 비우고,
비워낸 꽃대에 해후의 열락(悅樂)을
지성(至誠)으로 채웁니다.

혹여 찬바람 불면
이 꿈도
낙엽처럼 쓸려가고 말까봐
나누어도 마르지 않는 사랑으로,
질정(質定)할 수 없는 향기를 모아
그대를 찾아 나선 길

눈물 빛 은발(銀髮)을 날리며 나는
불타는 가슴을
저기 저 노을에 띄웁니다.

—「야생화 연서(戀書)」 전문

이 작품에는 고희(古稀)를 넘긴 시인의 서정적 진실, 은은하게 퍼지는 문향(文香)의 정수(精髓)가 담겨 있다. 1연에서 시인은 〈별보다 아름다운 사랑〉을 동경하는 순수를 가꾼다. 〈스치는 바람에도/ 행여 그대인가/ 기다림의 뜨락〉을 가꾸는 원정(園丁)의 진솔한 면모를 그린다. 아침에 맺히는 영롱한 이슬처럼 고운 '그대'를 그리워하는 마음으로 〈작은 꽃 한 송이〉를 피우는데 성심성력을 다한다.

시인의 가슴에 〈벙그는 연모(戀慕)〉 하나로 〈눈물보다 진한 고독〉을 비워낸 '꽃대'에 만남의 기쁨을 채우고자 한다. 이러한 소망이 현실에 반영이 되면 좋겠지만, 설혹 현실에서

이룰 수 없다고 해도, 최선을 다하는 그 자체만으로도 시인은 행복할 수 있을 터이다. 독자들 역시 자신에게 내재되어 있는 그리움과 시인의 그리움을 오버랩 시켜 혜량할 수 없는 공감대 형성에 이를 듯하다.

꿈과 그리움이 아름답고 옹글어도 그 사이에 두려움의 정서가 발현되게 마련이다. 〈혹여 찬바람 불면〉 자신의 꿈이 낙엽처럼 쓸려 사라질까봐 염려하는 시인은 〈나누어도 마르지 않는 사랑〉처럼 넘치는 '향기'를 모아 '그대'를 찾아 나선다. 그 길에서 시인은 〈눈물 빛 은발(銀髮)을 날리며/ 불타는 가슴〉을 '노을'에 편지를 띄운다는 발상이 놀랍다. 이러한 발상과 표현이 시를 시답게 하고, 시인을 시인답게 한다.

고희를 넘긴 시인이 순수하게 가꾸는 시심은 여전히 창작의 초심(初心)을 유지하고 있다. 이와 같은 시심을 간직한 시인, 그가 가꾸는 서정의 꽃밭에는 형형(形形)과 색색(色色)을 달리하는 꽃들이 다양하게 피어난다.

2.

연세가 드신 분들의 글에는 추억어린 서정이 중심을 이룬다. 이루어진 사랑의 아련한 추억, 맺지 못한 인연에 대한 안타까움, 또한 지난 시절에 대한 서정적 반추, 이러한 정서들이 작품에 투영되어 새 생명을 얻는다. 김길중 시인에게도 추억은 작품의 중심 제재로 작용한다. 과거가 현재의 바탕이었듯이, 현재가 미래의 기틀일 터이매, 과거의 추억 역시 미래로 무한하게 열려 있다. 이러한 발상은 서정과 결합하여 새로운 감동을 생성(生成)한다.

유년의 추억을 노래한 「솔밭 동산」에서 시인은 아름다운 정서를 환기한다. 시인은 유년시절이 그리워 고향의 솔밭을 찾는다. 독자적인 향기를 감싸고 있는 아늑한 동산에서 시인은 〈소꿉놀이 친구들의 노랫소리〉를 환청으로 듣는다. 이 '고향의 소리'는 친구들과 동심을 나누며 부르던 노래가사이다. 그래서 시인은 〈칙칙폭폭 떠나간다 어서어서 올라타라./ 우리 동무 찹쌀동무 어서어서 올라타라.〉 기차놀이를 하던 친구들을 떠올린다. 그리하여 〈고삐 풀린 망아지 들판을 달리듯이/ 추억의 들판〉을 연상적 상상 속에서 달린다.

이와 같이 아름다운 추억의 한켠에 고통스러웠던 삶도 작품으로 형상화된다.

이팝나무 쌀 꽃 피면
꼬로록 꼬로록
허기져서 부르는 노래가
'보리밥 줄게 쌀밥 다오'
꽃 속에서 들려온다.

밥은 꽁당 보리밥
먹어도 배고픈 보리밥
조상 제삿날에나
먹어보는 흰 쌀밥

이팝나무 쌀 꽃 피면
꿀꺽 침을 삼키며

허기져서 부르는 노랫소리
'보리밥 줄게 쌀밥 다오.'
꽃 속에서 들려온다.

—「이팝나무」 전문

일제(日帝) 강점기에 태어나고 자란 김길중 시인은 해방 후 어수선한 시대에 성장한다. 유년기에 6.25 동란이 발발하여 삶의 고난이 가중(加重)되던 시기를 노래한 작품이다. 이팝나무에 하얀 쌀꽃이 필 때는 우리 겨레가 일컫는바 '보릿고개'라고 일컬어지는 빈궁기(貧窮期)였다.

채 여물지도 않은 보리를 꺾어 무쇠솥에 살짝 익혀 절구에 방아를 찧으면 쭈글쭈글한 보리쌀이 생산된다. 그 보리쌀로 밥을 하면 쌀밥에 비해 거무티티하고 입에 넣어도 꺼끌꺼끌하다. 그마저도 배불리 먹지 못한 아이들의 배는 허기가 져서 '꼬르륵'거렸고, 이때 부르는 노래가 〈보리밥 줄게 쌀밥 다오〉였다. 땅에 한 손을 엎어놓고, 모래로 손을 덮으면서 두꺼비 집을 지어 부르던 동요 〈두껍아 두껍아 헌집 줄게 새집 다오〉를 어린이들이 개사(改詞)한 것이다. 배고팠던 추억과 함께 개사하여 부르던 동심을 반영한 작품이다.

이와 같은 고통의 순간들이 추억에 머물기도 하지만, 때로는 아름답고 가치로운 정경으로 변환되기도 한다.

백발 어머니 즐거운 표정이면
그날은 왠지 일이 잘 풀린다.

"어머니 이번 달은 얼마나 타셨어요?"
"노령연금 20만원 장수수당 5만원, 모두 25만원."

"야— 돈 많이 타셔서 좋으시겠어요?"
"응— 좋구 말구 매달 주는 걸."

"우리나라 살기 좋지요?"
"응— 나라님께 감사하며 잘해야 돼."

백발 92세 어머니 함박꽃이면
내 마음 구름 타고 하늘을 난다.

—「함박꽃 웃음」 전문

92세 노모와 고희(古稀)를 넘긴 아들이 나눈 대화가 중심 제재이다. 추억도 감동적인 작품으로 형상화되지만, 현재 살아가는 사람들의 오롯한 정경이 따사로운 가족애를 발현(發現)하고 있다. 1연과 5연은 수미상관(首尾相關)에 의한 동일한 정서를 보인다. 〈백발 어머니 즐거운 표정이면〉 시인의 일이 잘 풀리듯이 〈백발 92세 어머니 함박꽃이면〉 시인의 마음은 구름을 타고 하늘을 나는 것처럼 행복하다. 2~4연은 이런 느낌이 바탕을 이룬다. 즉 어머니의 즐거움과 행복은 시인에게 동일한 정서로 전이된다. 이를 작품에 투영하여 승화시킨 작품으로 놀라운 가작(佳作)이다.

이 작품에서처럼 어머니는 시인에게 있어 삶의 소중한 의미로 기능한다. 동질적인 작품 「정화수」에서 보면, '어머니의 목소리'는 시인의 〈가슴에 살아 숨 쉬는 소리〉로 작용한다. 어머니는 깨끗한 물 '정화수'를 떠놓고 기원한다. 시인의 가족이 화목하고 건강하게 살 수 있게 해달라고 천지신명께 기도한다. 어머니가 〈장독대 앞에서 새벽마다 비는 소리〉를 들은 시인은 어머니의 정성에 감읍하여 바른 길을 선택한다. 어머니의 기도소리는 시인에게 '희망의 종소리'로 기능한다. 이처럼 시인은 과거와 현재를 넘나들며 생명처럼 소중한 가치를 작품에 담아낸다.

3.

교육자로 38년간 봉직하였고, 정년퇴임 후 곧바로 10여 년간 재능봉사를 생활화한 시인은 세상에 대한 긍정적 자세를 견지한다. 이러한 자세는 대체로 교육적 성향을 띠는데, 개인을 뛰어넘어 사회와 국가적 위상으로 변환되기도 한다.

자연의 사소한 변화에서 겨레의 수준으로 격상시킨 작품이 「아카시아 꽃잔치」다. 〈아카시아 꽃 핀 날〉은 꿀벌들이 잔치를 벌이는 상황인데, 이를 〈통일이 꽃 핀 날〉로 의미를 부여한다. 삼천리 우리나라에 아카시아 꽃이 피는 것은 〈꿀맛 같은 영혼〉들이 노래하는 날이고, 이는 칠천만 우리 겨레가 바라는 〈통일의 그날〉로 변환된다. 굽이치는 세월 속에서도 눈물로 꽃 피운 통일의 그날이 되어 우리 겨레가 〈크게 웃어 소리쳐 볼 날〉을 기대한다.

아카시아 꽃이 전국에 피어난 상황을 겨레의 영원한 대명제(大命題)인 통일과 연계한 것도 놀랄 만한 상상력이다. 이는 초등교육에 평생을 바치며 체득한 동심과 달관적 자세가 융합된 작품이라 하겠다.

"감사합니다."
말하며 살래요
건강한 육체를 주심을
올바른 정신을 주심을

부귀영화는 흘러가는 구름이요
출세와 권세는 지나가는 바람인 것을

푸른 하늘 우러러 숨쉬며
아름다운 강산에서 꽃씨 뿌리고 가꿔
복된 한국 건설하는데 일조함을

한 겨레 손잡고
가슴 벅찬 꿈 가꾸며 살아감을
"감사합니다."
말하며 살래요.

―「감사합니다」 전문

시인은 70세가 넘어서까지 타인을 위해 봉사할 수 있음을 감사한다. 건강한 육체, 올바른 정신, 푸른 하늘을 우러러 숨쉴 수 있음, 아름다운 강산에 꽃씨를 뿌리고 가꾸어 복된 한국을 건설하는 기쁨 등 일상의 여러 조건에 감사하는 삶을 영위한다. 이러한 감사가 애국으로 승화되기도 한다. 환하게 하늘 길 열어 가슴 설레게 하는 「첫눈」을 보면서도 〈잠자는 자여! 일어나라./ 대한건아여! 힘을 내라〉고 권면한다. 〈세종대왕의 지혜〉〈광개토대왕의 개척정신〉을 본받아 〈코리아의 횃불〉을 드높이 들고 다시 뛰라고 일갈(一喝)한다.

곧게 뻗은 고속도로를 달리며 겨레의 번영을 소망한다. 〈바람을 가르며 역경을 헤치며/ 언덕을 넘어 커브길을 돌아〉 희망의 봉우리를 향하여 달리고자 한다. 〈수출품을 실은 컨테이너 박스〉〈외국 관광객을 태운 고속버스〉가 대한민국의 동력이니, 〈이제 삼팔선을 넘고 북녘 땅을 녹이고〉 〈만주벌판까지 태극기가 휘날리도록〉 달릴 것을 기원한다. 그리하여 세계 1등 국가가 되기를 간절하게 소망한다.

총 칼 앞에서도
나라의 맥을 지켜 온 우리
잿더미 속에서도
기적의 꽃 피운 우리.

한이 맺혀 울지도 못하고
배가 고파 먹지도 못하고
조국의 번영을 갈망했던 우리.

코리아의 찬란한 태극 마크가
세계 속에 휘날릴 때
심장의 붉은 피가 설레던 우리.

우리는,
같은 피를 나눠 가진 우리는,
조국 발전을 위하여 두 주먹 쥐고

한 몸이 되어 건설한 일등 한국
우리는 하나.

—「우리는 하나」 전문

역사적으로 수없는 간난신고(艱難辛苦)를 겪어온 우리 겨레는 〈한이 맺혀 울지도 못하고/ 배가 고파 먹지도 못하고/ 조국의 번영〉을 갈망했다. 잿더미 속에서도 기적의 꽃을 피운 우리 민족이다. 그리하여 찬란한 태극 마크를 세계 속에 휘날리며, 조국 발전을 위해 하나가 되어야 한다는 눈물어린 충정을 담아낸 작품이다.

이러한 형상화는 여러 작품에서 나타난다. 「코리아 신드롬」에서 〈분다 불어 한국 바람/ 남녀노소 대통령부터 노동자까지〉 한국의 바람이 불기를 소망한다. 「자유의 열쇠」에서 〈내 마음 먹은 대로 여는 열쇠가 있다면/ 제일 먼저 북한 주민에게 자유를 선물하고 싶다.〉는 발상도 아름답다. 「세계를 지배하는 나라」에서 세계만방에 〈일등국가 되는 길 근면 자조 협동/ 한국을 닮아라.〉 외친다. 「이런 나라 되게 하소서」에서 〈가슴이 따뜻하여/ 이웃을 보듬어 사랑하고/ 내 몸처럼 아끼는 평화〉가 충만한 나라가 되기를 소원한다. 이와 같은 시인의 정서가 작품에 투영되어 눈물겨운 울림을 생성한다.

4.

사회에 봉사하며 기쁨과 보람을 찾는 시인에게도 '정서적 충격'은 피할 수 없는데, 이것이 살아있는 이들의 운명인 듯싶다. 어쩌면 시인이 노래한 「출렁다리」에서처럼 명(明)과 암(暗)은 일물(一物)의 양면(兩面)인 듯싶다. 행복이 눈앞에 아른거리는데 〈닿을 듯 닿을 듯〉 쉽게 취하지 못하게 〈출렁출렁 흔들리는 세상〉이다. 꽃을 피워야 하는데 어지러운 세상이 출렁이고, 열정을 다하지만 삶은 출렁다리처럼 〈잡힐 듯 잡힐 듯〉 출렁이기 때문이다.

하늘이 돌아 앉아 울었다.
초목은 가슴을 치며 엉엉 울었다.
아픔과 슬픔이 먹구름으로 밀려와
코끝이 찌르르
눈물샘이 핑그르
눈물은 심장을 적시고
온 몸을 타고 내려와
빗물과 범벅이 되어 강으로 흘렀다.
"아들아…."
불러도 대답이 없구나.
"아버지…!"
울먹이며 멀어지는 아들아,
돼지 보쌈을 좋아하던 아들아,
암팡지게 먹던 그 모습 어딜 갔느냐?
애비를 두고 너만 간단 말이냐?
발 길이 떨어지더냐?
보낼 수 없는 너를 보내야 하기에
눈물이 앞을 가리는구나.
'나라 위해 바른 행정가가 되겠다.'며
머리띠 졸라매고
행시 준비에 몰두하던 아들아!

심장마비로 눈 감은 아들아!
못 다 한 꿈
하늘나라에서 꼭 이루거라.
내 모두를 바쳐 사랑한 아들아.
보내고도 가슴에 살아남은 아들아.
부디 그곳에서 행복하여라.

—「아들을 보내며」 전문

하늘과 땅이 뒤집히고, 세상이 암흑으로 가라앉고, 가슴을 두드리며 울어도 벗어날 길 없는 연옥(煉獄)이다. 〈하늘이 돌아 앉아 울었다./ 초목은 가슴을 치며 엉엉 울었다.〉 〈눈물은 심장을 적시고/ 온 몸을 타고 내려와/ 빗물과 범벅이 되어 강으로 흘렀다.〉 등에서 아들을 잃은 아버지의 먹먹한 가슴을 공유한다. 〈"아들아…." / 불러도 대답이 없구나./ "아버지…."〉 울먹이며 멀어지던 아들을 보며 무너지는 부정(父情)을 가슴 저리게 절감한다.

시인은 아들 잃은 상황을 〈돼지 보쌈을 좋아하던 아들아/ 암팡지게 먹던 그 모습 어딜 갔느냐?/ 애비를 두고 너만 간단 말이냐?/ 발 길이 떨어지더냐?/ 보낼 수 없는 너를 보내야 하기에/ 눈물이 앞을 가리는구나.〉 땅을 치고 하늘에 주먹질을 해보지만 죽은 아들은 돌아오지 않는다. 그러나 아버지는 눈물을 거두고 아들의 명복을 빌어야 한다. 〈하늘나라에서 꼭 이루거라./ 내 모두를 바쳐 사랑한 아들아./ 보내고도 가슴에 살아남은 아들아./ 부디 그곳에서 행복하여라.〉 살아야 할 의미를 잃었지만, 아들의 명복을 빌어야 하는 것이 아버지의 운명이기도 하다.

이 작품을 읽으면서 눈물을 흘리지 않을 독자들은 없을 것 같다. 그러나 가슴 절통하게 승화시킨 이 작품은 김길중 시인의 실제 상황이 아니다. 지기(知己)의 외아들이 심장마비로 급서(急逝)한 후, 그의 입장을 정서적으로 역지사지(易地思之)하여 빚은 작품이다. 놀랄 만큼 절절한 감동을 공유하면서, 여타(餘他) 작품에 대한 감상의 여로(旅路)를 접는다.

더 이상 김길중 시인의 작품에 대한 평가나 해설은 사족(蛇足)이 될 것이므로, 먹먹한 가슴으로 눈물을 흘릴 따름이다. 감정 이입(移入)에 의한 정서적 충격으로 김길중 시인의 서정적 자아에 함몰된 채 '슬픔 속의 희열'을 경험한다. 깊이를 헤량할 수 없는 작품에 찬탄의 박수를 보내며, 고통 속에서 찾은 독서의 보람을 되새긴다. '슬픔에 의한 카타르시스'의 여운은 쉽게 가시지 않을 것 같다.

야생화 연서

김길중 시집

발 행 일 | 2016년 2월 5일
지 은 이 | 김길중
발 행 인 | 李憲錫
발 행 처 | 오늘의문학사
출판등록 | 제55호(1993년 6월 23일)
주　　소 | 대전광역시 동구 대전로 867번길 52(한밭오피스텔 401호)
전화번호 | (042)624-2980
팩시밀리 | (042)628-2983
홈페이지 | http://www.lito77.co.kr(홈페이지)
전자우편 | hs2980@hanmail.net

공 급 처 | 한국출판협동조합
주문전화 | (070)7119-1752
팩시밀리 | (031)944-8234~6

ISBN 978-89-5669-738-3
값 8,000원

ⓒ김길중.2016

* 이 책은 교보문고에서 E-Book(전자책)으로 제작 · 판매합니다.
* 잘못 제작된 책은 바꾸어 드립니다.